Cómo Jugar Orando Con Las Escrituras

SANACIÓN POR LAS ESCRITURAS

Cómo ~~Jugar~~ Orando Con Las Escrituras

Juegue con estas ideas…

EDITOR:
Kenneth L. Fabbi, Lethbridge, Alberta, Canadá

Correo Electrónico: <u>FiveFoldCycle@gmail.com</u>

Derechos de Autor © 2019 por Kenneth L. Fabbi
Todos los derechos reservados.

Escritura tomada de la SANTA BIBLIA, NUEVA VERSIÓN INTERNACIONAL® NVI® © 1999, 2015 por Biblica, Inc.®. Usado con permiso de Biblica, Inc.® Reservados todos los derechos en todo el mundo.

Ninguna parte de esta publicación puede ser reproducida, en ninguna forma o por ningún medio, electrónico o mecánico, incluyendo fotocopia, grabación almacenaje, o sistema de reintegración, sin permiso por escrito del Autor.

A Kenneth le gustaria recibir cualquier comunicación a <u>FiveFoldCycle@gmail.com</u>.

<u>ISBN</u>:
Libro de bolsillo: 978-0-9952039-9-0
Libro electrónico: 978-1-7771066-0-7

<u>TEMAS</u>: Escrituras - - Oración de Sanación - -
Cristiandad - Meditación -
Escrituras de Sanación - -
Crecimiento

I. Título   II. Fabbi, Kenneth L.

SANACIÓN POR LAS ESCRITURAS

Cómo ~~Jugar~~ Orando Con Las Escrituras
Juegue con estas ideas ...

ÍNDICE:

RECONOCIMIENTOS 4

INTRODUCCIÓN 5

MIREMOS LAS ESCRITURAS COMO ORACIÓN 6

SECCIÓN UNO: *HACIENDO DE LAS ESCRITURAS UNA ORACIÓN PERSONAL* ..8

NOTA DEL AUTOR: HAY UN HUECO QUE SÓLO DIOS PUEDE LLENAR 16

SECCIÓN DOS: *PROCLAMACIÓN – PROCLAMANDO LA PALABRA DE DIOS* ..17

SECCIÓN TRES: *BUSCANDO SUS PROMESAS* 34

SECCIÓN CUATRO: *PONIÉNDOSE UNO MISMO EN LA HISTORIA* 42

NOTAS 63

APÉNDICE 1: QUÉ ES LA ORACIÓN..... 64

RECONOCIMIENTOS:

A medida que este pequeño libro se acercaba a su final, yo pregunté a varias personas hecharle una mirada con esos ojos escutriñadores de los editores. Es siempre maravilloso ver lo que ellos ven y recibir su información.

Muchas gracias a Sandy Whyte, quién ofreció muchas percepciones importantes. Te aprecio mucho Sandy.

A mi prima Dianne Palmer, agradezco tu revisión porque me tomó en algunas asunciones no dichas en mi lenguaje de "cristianizar". ¡Gracias por aclarar las observaciones!

A Karla Conte, me gustaría agradecerle mucho, pero mucho por tomarte el tiempo de revisar y editar el manuscrito. Es ese amor e interes piadoso que hará de estos proyectos una bendición para todos los que lo lean. Gracias.

Además, me gustaría agradecer especialmente a Sylvia Osejo y Adriana Díaz por traducir este material al español. ¡Sylvia, has sido una compañera de oración muy especial! Adriana, aprecio la profundidad de tu oración y tu corazón por Jesús.

INTRODUCCIÓN:

> ¡La misericordia de Dios nunca termina!
> Lamentaciones 3: 22-23

¡Nosotros sabemos que las Escrituras Sanan y la Misericordia de Dios nunca termina!

Este pequeño libro es un instrumento para caminar contigo a través de una colección de las Escrituras de la Santa Biblia. Cada Escritura ofrece una verdad. Muchos de los pasajes de las Escrituras ofrecen un punto de vista acerca de la Sanación y diseño de Dios.

Este libro le ayudará a usar las Escrituras para orar. Les ampliará la manera cómo usted puede orar con las Escrituras. Les revelará 4 métodos diferentes de orar con las Escrituras.

Los animo a jugar y experimentar con estas ideas y compartirlas con sus amistades. ¡Yo los animo a ~~jugar~~ orar con estas ideas!

Como usted sabe, ya he publicado algún material sobre la oración de sanación titulado *Five Fold Cycle - Method of Healing Personal Hurt*[1], el cual incluye una sección de: "Las Escrituras Como Medicina". Usted puede hechar una mirada a ese material, como otra fuente de recurso, para comprender cómo y porqué Dios usa las Escrituras para sanar nuestra mente, recuerdos, emociones y algo parecido. A esto lo llamamos Sanación Interior.

MIREMOS LAS ESCRITURAS COMO ORACIÓN:

> ¡Cómo hacer que la Escritura cuente!

En este trabajo, ofreceré algunas percepciones de cómo usar las Escrituras, cómo aplicarlas y cómo recibir el fruto disponible.

> [22] *En cambio, el fruto del Espíritu es amor, alegría, paz, paciencia, amabilidad, bondad, fidelidad,*
> [23] *humildad y dominio propio. No hay ley que condene estas cosas.*
> **Gálatas 5:22-23**

¿A quién sana Dios? ¿Cómo sana Dios? Navegando a través de la Biblia, nosotros vemos que tiempo, tras tiempo Jesús sanó aquellos con poca fe y también aquellos con poca o nula comprensión de las cosas de Dios.

También vemos que Dios quiere caminar con nosotros y nosotros con Él. La imagen que usted debe recordar a medida de que usted examina determinadamente este material, es esa de Adán y Eva en el jardín antés de la caída. Dios caminó con ellos. Él es tu Dios.

Yo soy tu Dios

En este pequeño libro hay varios números de secciónes, cada una ofrenciendo una manera alternativa para usar y aprovechar las Escrituras para sanación. Ellas incluyen:
- Hacer de las Escrituras una oración personal
- Proclamación
  - Proclamando la Palabra de Dios
- Buscando sus Promesas
- Poniéndose usted mismo en la Historia

¡Disfrute este viaje Bíblico!

SECCIÓN UNO:

HACIENDO DE LAS ESCRITURAS UNA ORACIÓN PERSONAL

Comenzamos por darnos cuenta de que hay algunas condiciones que usted y yo debemos seguir para obtener acceso a la sanación del Señor. Sí, Él sana a los que tienen poco conocimiento de Él y poca o nula fe, pero la sanación és asegurada si nosotros llenamos ciertas condiciones.

> ¡La sanación pertenece a Sus Hijos!

Las condiciones son simples: Colocarlo a Él primero y seguir Su Voz.

En la Sección Uno, pondremos cada Escritura dentro de una oración personal. De esta forma llegamos a ser interactivos y personales con nuestro Dios y Él con nosotros.

> ¡Hay siempre una clara dirección en la Escritura que nosotros oímos y seguimos la Voz de Dios!

Éxodo 15:26 – Si sigues mi voz, Yo no traeré ninguna enfermedad en contra tuya porque Yo soy el Señor que sana.

> ²⁶ Les dijo: «Yo soy el SEÑOR su Dios. Si escuchan mi voz y hacen lo que yo considero justo, y si cumplen mis leyes y mandamientos, no traeré sobre ustedes ninguna de las enfermedades que traje sobre los egipcios. Yo soy el SEÑOR, que les devuelve la salud».

Yo soy el Dios quién sana

> Nosotros lo hacemos personal ... Ponga su nombre en el espacio.

Oremos: Señor, yo _____ seguiré Tus Mandamientos y escucharé cuidadosamente Tu Voz. Guíame, enséñame y yo guardaré Tus leyes. Haciendo estas cosas, yo no recibiré de Ti, pestes del pasado, porque Tú eres el Señor quién me sana.

> Promesa de bendición por obediencia.
> Poner a Dios 1° en nuestras vidas.

Éxodo 23: 25-26 – Adora al Señor tu Dios, y Él te bendecirá y alejará de ti todas las enfermedades.

> ^{25} »Adora al SEÑOR tu Dios, y Él bendecirá tu pan y tu agua. »Yo apartaré de ustedes toda enfermedad. ^{26} »En tu país ninguna mujer abortará ni será estéril. ¡Yo te concederé larga vida!

Oremos: Señor yo _____ te adoro, tu eres mi Dios. Tú me prometes y me aseguras que Tú bendecirás mi pan y agua y tomarás y te llevarás lejos de mi familia y mi gente todas enfermedades. Tú prometes también, que no habrá malpartos o esterilidad en mi tierra; y serán colmados los números de nuestros días.

¡CON NUESTRA PROMESA DE OBEDIENCIA, NOSOTROS NOS ASEGURAMOS DE QUE RECIBIREMOS SU BENDICIÓN!

> ¡Nosotros tenemos confianza porque Dios está peleando por nosotros!

Deuteronomio 3:22 – Moisés encarga a Josué y le dice:

> ²² *No les tengas miedo, que el SEÑOR tu Dios pelea por ti".*

> Nosotros lo hacemos personal ... Pon tu nombre en el espacio.

Oremos: ¡Señor, yo _____ no temeré, porque Tú, mi Dios, peleas por mí!

NOSOTROS TENEMOS CONFIANZA PORQUE NUESTRO DIOS ES EL CREADOR ¡CONOCIDO COMO EL GRAN YO SOY!

> ¡De nuevo, tenemos confianza y estamos asegurados de la bendición de Dios por la obediencia!

Deuteronomio 7: 14-15 – Tu serás muy bendecido y el Señor alejará de ti toda enfermedad.

> **[14] Bendito serás, más que cualquier otro pueblo; no habrá entre los tuyos hombre ni mujer estéril, ni habrá un solo animal de tus ganados que se quede sin cría. [15] El SEÑOR te mantendrá libre de toda enfermedad y alejará de ti las horribles enfermedades que conociste en Egipto; en cambio, las reservará para tus enemigos.**

Oremos: Señor, yo _____ creo que en Ti seré muy bendecido, lo mismo que mis posesiones. Yo _____ creo que Tú alejarás de mi toda enfermedad y maldad.

> **¡NOSOTROS TOMAMOS NUESTRA POSICIÓN COMO HIJOS DE NUESTRO GRAN DIOS Y NOS APROPIAMOS DE LAS BENDICIONES DISPONIBLES PARA NOSOTROS!**

> Como hijos de Dios, somos hechos rectos ante Dios a través de los sufrimientos de Jesús.

1 Pedro 2:24 – Él cargo con nuestros pecados y por sus heridas somos sanados.

> *²⁴ Él mismo, en su cuerpo, llevó a la Cruz nuestros pecados, para que muramos al pecado y vivamos para la justicia. Por sus heridas ustedes han sido sanados.*

> *Oremos: Padre, yo _____ creo, que a través de la muerte de Tu Hijo en la Cruz y resurrección, mis pecados son removidos y yo soy justo ante Ti. Yo _____ también acepto que por las llagas y heridas de Jesús yo soy sano, en cuerpo, mente y en el alma.*

> Nosotros, como hijos de nuestro Dios, tenemos confianza de pedirle a Él.

1 Juan 5: 14-15 – Decididos nosotros venimos delante de Él y pedimos.

⁴ Esta es la confianza que tenemos al acercarnos a Dios: que, si pedimos conforme a su voluntad, él nos oye. ¹⁵ Y, si sabemos que Dios oye todas nuestras oraciones, podemos estar seguros de que ya tenemos lo que le hemos pedido.

Oremos: Padre, yo _____ vengo ante Ti como Tu hijo(a) y te pido _____. Yo sé que Tú me oyes y que cualquier cosa que yo te pida de acuerdo a Tu voluntad, me será concedido.

> **Somos invitados a morar en Él.**

Juan 15: 7 - Cuando tú moras en Mí, pide y te será concedido.

> ⁷ *Si permanecen en mí y mis palabras permanecen en ustedes, pidan lo que quieran, y se les concederá.*

Oremos: Señor, yo _____ habito en Ti y Tus Palabras son bienvenidas a morar en mí. Yo _____ te pido Señor _____, sabiendo que Tú me escuchas.

> **Benditos aquellos que no han visto pero creen.**

Juan 20:29 - Aunque nosotros no hemos visto a Jesús, somos bendecidos porque creemos.

> ²⁹ *—Porque me has visto, has creído —le dijo Jesús—; dichosos los que no han visto y sin embargo creen.*

Oremos: Señor, yo _____ creo en Ti. Tus palabras dicen: Yo _____ soy bendecido(a) si yo no te he visto pero creo.

NOTA DEL AUTOR:
HAY UN HUECO QUE SÓLO DIOS PUEDE LLENAR

Por ahora habrán notado que hay una apropiación fundamental de la Escritura. La cual es definida por dos palabras "Nuestra Relación".

Somos seres creados, cada uno de nosotros es único e individual. Cada uno tiene su propia huella digital, su propio iris biométrico y su propio ADN. Nadie llevará esta singularidad. Nadie será como tú

Nosotros fuimos creados por el Maestro Artesano, Dios, El Padre en el Cielo. Dios nos dió vida y quiere compartir esa vida con nosotros. Se dice que en cada uno de nosotros hay un *Hueco del tamaño de Dios*, que solamente Él puede llenar. Ese hueco es "Nuestra Relación".

Nosotros imprescindiblemente necesitamos regresar a Dios, el Diseñador, quien nos creó. Esto implica abriendonos y uniendonos con Él en este movimiento creativo – nuestra vida.

A medida que nos unimos a Él, abiertos a Su Espíritu Santo[2] en nuestra vida, sentiremos Su paz y satisfacción en nuestra vida.

> Si Tú veneras al Señor,
> nada bueno te faltará.
> Salmo 34: 10-11

<u>¡En esta relación, nosotros podemos tomar nuestra posición como Hijos de nuestro gran Dios y apropiarnos de las bendiciones disponibles para nosotros!</u>

<u>SECCIÓN DOS:</u>

PROCLAMACIÓN –
PROCLAMANDO LA PALABRA DE DIOS

En la Sección Dos nosotros vamos a añadir un nuevo método de oración con las Escrituras llamado Proclamación. Usted está invitado a proclamar las Escrituras sobre sus vidas, su situación y sobre toda el mundo alrededor suyo.

La idea es simple, nosotros tomamos la posición que nuestro gran Dios nos ha hecho Sus hijos adoptivos y en esa relación nosotros obtenemos la habilidad de apropiarnos de las bendiciones disponibles. Estas bendiciones ya han sido pagadas y dadas a nosotros por la muerte de Cruz por Jesús y Su resurrección. Uno podría decir y lógicamente concluir que, estas cosas ya están hechas. Nosotros simplemente lo que tenemos que hacer es tomarlas y aplicarlas.

> ¡Las bendiciones nos abundarán a nosotros cuando creamos en su verdad!

Deuteronomio 28: 1-2 – Bendiciones por la obediencia nos abundarán.

¹Si realmente escuchas al S<small>EÑOR</small> tu Dios, y cumples fielmente todos estos mandamientos que hoy te ordeno, el S<small>EÑOR</small> tu Dios te pondrá por encima de todas las naciones de la tierra. ² Si obedeces al S<small>EÑOR</small> tu Dios, todas estas bendiciones vendrán sobre ti y te acompañarán siempre:

Proclamación: Señor, yo _____ obedeceré y observaré Tus Mandamientos. Y yo confío en Tu Palabra que todas las bendiciones vendrán sobre mí y me tomarán.

Una Proclamación es un acto de declaración o mandato de un hecho bíblico.

Hablando de Proclamación nos estamos uniendo con Dios en Su palabra y en Su autoridad.

Hablamos de la Palabra de Dios cubriendo una situación.
por ejemplo nuestra familia.

Nosotros sabemos que la Palabra de Dios cuando se proclama será cumplida.
Isaías 55: 11

> Hubo un intercambio en la cruz...

Isaías 53: 4-5 – Ciertamente Él tomó nuestras enfermedades - por Sus heridas somos Sanados.

⁴ Ciertamente él cargó con nuestras enfermedades y soportó nuestros dolores, pero nosotros lo consideramos herido, golpeado por Dios, y humillado. ⁵ Él fue traspasado por nuestras rebeliones, y molido por nuestras iniquidades; sobre él recayó el castigo, precio de nuestra paz, y gracias a sus heridas fuimos sanados.

Proclamación: Señor, yo _____ creo que hubo un intercambio en la Cruz y que Tu cargastes mis enfermedades y males; Tu fuistes golpeado, tirado al suelo por mis transgresiones y aplastado por mi iniquidades. Yo _____ proclamo que Tu recibiste todo el castigo y a través de Ti yo _____ soy sano. Además, yo _____ proclamo que por Tus heridas yo soy sanado.

Ahora prueba orando esta escritura proclamándola sobre tu familia, tu situación o la comunidad alrededor tuyo.

Proclamación para las familias: Señor, yo _____ creo que hubo un intercambio en la Cruz y que Tú tomastes las enfermedades y males de mi familia; Tú fuistes atribulado y golpeado por sus iniquidades. Yo _____ proclamo que Tú tomastes ese castigo y a través de Ti (ellos) _____ son sanados. Además, yo _____ proclamo que por Sus moretones ellos son sanados.

¡EN PROCLAMACIÓN, NOSOTROS ESTAMOS SOBRE LA ROCA, JESÚS, Y EN ÉL A TRAVÉS DEL PADRE, NOSOTROS PROCLAMAMOS UNA VERDAD DE LA ESCRITURA!

> Haz de esta Escritura tu oración y proclamación...

Jeremías 17:14 – Sáname, oh Señor, y yo seré sanado.

> ¹⁴ *Sáname, SEÑOR, y seré sanado; sálvame y seré salvado, porque tú eres mi alabanza.*

Una oración de proclamación: ¡Señor, yo _____ proclamo que Tú eres mi Dios! Sáname, oh Señor, y yo seré sanado; sálvame y yo seré salvado; porque Tú eres mi alabanza.

¡A MEDIDA QUE APRENDEMOS E INTERIORIZAMOS LAS ESCRITURAS, NOSOTROS SOMOS MÁS CAPACES DE PERMANECER FUERTES DE CARA AL CONFLICTO!

> Nuestros derechos y protección bajo Jesús incluyen: luz, salvación, no temor y seguridad en Su fuerte poder.

Salmo 27: 1 – El Señor es mi luz, mi salvación y mi fortaleza, ¿a quién temeré?

> ¹ *El S*EÑOR *es mi luz y mi salvación; ¿a quién temeré? El* SEÑOR *es el baluarte de mi vida; ¿quién podrá amedrentarme?*

Una Oración de Proclamación y Confianza: Señor, yo _____ tengo seguridad y yo _____ proclamo que Tú eres mi Luz y mi Salvación, por eso yo no temeré. ¡Señor, Tú eres mi fortaleza y yo no temeré!

Ahora prueba orando esta escritura proclamándola sobre tu familia, tu situación o la comunidad alrededor tuyo.

Una Oración de Proclamación y Confianza por nuestra familia o situación: Señor, yo _____ tengo confianza y proclamo que Tú eres la Luz y la Salvación para _____, por eso, _____ no temeré. ¡Señor, Tú eres la fortaleza de la vida de _____ y _____ no temeré!

> Tengo confianza en Ti, Señor, y proclamo ...

Salmo 30: 2 – Yo te pedí ayuda y Tú me has sanado.

> ² SEÑOR mi Dios, te pedí ayuda y me sanaste.

Oremos y Proclamemos: Yo _____ tengo confianza Señor que a través de mi grito hacia Tí y las Escrituras Tú me oirás y yo _____ proclamaré que Tú me has sanado. Tú eres mi Dios.

Ahora prueba orando esta escritura proclamándola sobre tu familia, tu situación o la comunidad alrededor tuyo.

Una Oración de Proclamación y Confianza para nuestra familia o situación: Yo _____ tengo confianza Señor que a través de Tus Escrituras y cuando te suplico a gritos a Ti, Tú me oirás y yo _____ proclamaré que Tú has sanado a _____. Tú eres nuestro Dios

> ¡Nosotros damos vida a otros y a situaciones declarando la Palabra de Dios por sobre ellos!

> **Nuestro Señor es nuestro Sanador. El Señor nos sostiene.**

Salmo 41: 2-3 – El Señor lo sostiene a él/ella en su cama de enfermo y lo restaura de sus males.

> *² El SEÑOR lo protegerá y lo mantendrá con vida; lo hará dichoso en la tierra y no lo entregará al capricho de sus adversarios.*
>
> *³ El SEÑOR lo confortará cuando esté enfermo; lo alentará en el lecho del dolor.*

Proclamación: Señor, Tú proteges a _____ sostienes a _____ en la enfermedad. Señor Tú sanas todas las enfermedades y males de _____ .

¡TE DAS CUENTA DE QUE LA NATURALEZA DE DIOS ES FAVORECERNOS Y HONRARNOS!

> El Señor no nos priva de nada bueno.

Salmo 84:11 - A los que caminan rectamente, Dios confiere favores y honra; de nada bueno nos priva el Señor.

> *11 El SEÑOR es sol y escudo; Dios nos concede honor y gloria. El SEÑOR brinda generosamente su bondad a los que se conducen sin tacha.*

Proclamación: Yo _____ elijo caminar recto. Guíame y ayúdame. Como lo hago, yo sé que Tú no me privarás de nada bueno.

> **Nada malo caerá sobre mi.**

Salmo 91: 9-13 – El Señor es mi refugio y mi morada. En sus manos Él me cargó.

⁹ Ya que has puesto al SEÑOR por tu refugio, al Altísimo por tu protección, ¹⁰ ningún mal habrá de sobrevenirte, ninguna calamidad llegará a tu hogar. ¹¹ Porque él ordenará que sus ángeles te cuiden en todos tus caminos. ¹² Con sus propias manos te levantarán para que no tropieces con piedra alguna. ¹³ Aplastarás al león y a la víbora; ¡hollarás fieras y serpientes!

¡Nosotros Somos De Él!

Proclamación: Señor, yo _____ te escojo como mi refugio. Tú eres bienvenido a habitar dentro de mí. Por eso, yo _____ proclamo que nada malo caerá sobre mi; que Tú mandarás a tus ángeles que me cuiden y dentro de Tus manos Tú me levantarás.

> **Notar la propiedad en esta Escritura.**

Salmo 91: 14-16 – Aquellos que me aman los libraré, protegeré, responderé, rescataré, honraré, etc.

> ¹⁴ «Yo lo libraré, porque él se acoge a mí; lo protegeré, porque reconoce mi nombre. ¹⁵ Él me invocará, y yo le responderé; estaré con él en momentos de angustia; lo libraré y lo llenaré de honores. ¹⁶ Lo colmaré con muchos años de vida y le haré gozar de mi salvación».

Proclamación: Señor, yo _____ te amo. Yo proclamo la promesa que Tú hicistes de que si yo te amo Tú me librarás, me protegerás, me oirás cuando yo te llamo, responderas mis oraciones, estarás conmigo en mis problemas, me rescátarás y me honrarás, y me darás larga vida y Tu salvación.

Proclamación por otros: Señor, _____ te aman. Yo proclamó la promesa que Tú hiciste de que si _____ te aman que Tú los librarás, los protégerás, responderás sus oraciones, estarás con ellos en sus problemas, los rescatarás y los honrarás, y darás a ellos larga vida y salvación.

Ustedes habrán notado por ahora que las Escrituras sobre sanación no usan palabras como:

> 'quizás',
> 'puede ser',
> 'algunas veces',
> 'algunas personas',
> y 'puede trabajar'.

Tampoco usan la frase:

'de vez en cuando'…

> Nota este pensamiento que se repite: Él perdona *toda* las iniquidades y sana *todas* los males y enfermedades ...

Salmo 103: 2-5 – Él olvida toda tus iniquidades, maldad y sana todas tus enfermedades.

> ² *Alaba, alma mía, al* SEÑOR, *y no olvides ninguno de sus beneficios.* ³ *Él perdona todos tus pecados y sana todas tus dolencias;* ⁴ *él rescata tu vida del sepulcro y te cubre de amor y compasión;* ⁵ *él colma de bienes tu vida y te rejuvenece como a las águilas.*

Proclamación: Yo _____ Te bendigo Señor, porque Tú olvidas toda mis injurias y sanas todas mis enfermedades. Tú, Señor, me has redimido y me has coronado con constante amor y misericordia. Tú Señor me confortarás con lo Bueno a lo largo de mi vida, renovándome como las águilas.

> **Las Palabras de Dios Sanan.**

Salmo 107: 19-21 – Él envió Su palabra adelante y los sanó.

> *¹⁹ En su angustia clamaron al SEÑOR, y él los salvó de su aflicción. ²⁰ Envió su palabra para sanarlos, y así los rescató del sepulcro. ²¹ ¡Que den gracias al SEÑOR por su gran amor, por sus maravillas en favor de los hombres!*

Proclamación: Yo _____ clamé a Ti Señor y Tú me salvaste de mis penas. Señor, Tú me has liberado de la destrucción. Yo Te agradezco por amor constante y maravilloso trabajos que haces por mí!

¿Qué conclusiones deduce usted después de leer y orar estas Escrituras?

_____

_____

Permiteme decirte algo acerea del poder de Proclamación ... Cuando la Palabra de Dios es proclamada ella continúa hasta que se completa.
Isaías 55: 10-12.

En la proclamación, nosotros proclamamos Su Palabra sobre nuestras vidas, nuestra situación, nuestra familia, en espera de que será como dice.

> ¡Estas palabras son como un manto de seguridad, con el que nosotros podremos cubrir las situaciones!

Salmo 118: 17 – ¡Yo no moriré, pero yo viviré y recontaré las hazañas del Señor!

> ¹⁷ *No he de morir; he de vivir para proclamar las maravillas del SEÑOR.*

Proclamación: Yo _____ no moriré, pero yo _____ viviré y recontaré las hazañas del Señor mi Dios.

> ¡Él Sana!

Salmo 147: 3 - Él sana a los quebrantados de corazón.

> ³ *restaura a los de corazón quebrantado y cubre con vendas sus heridas.*

Proclamación: Yo _____ estoy seguro, Señor, de que está en Tu naturaleza sanar mi corazón roto y vendar mis heridas.

Proclamación para otros: Yo _____ estoy seguro, Señor, de que está en Tu naturaleza sanar el corazón roto de _____ y vendar las heridas de _____.

SECCIÓN TRES:

BUSCANDO SUS PROMESAS

> ¿Qué guardamos en nuestra atención, oído, vista y corazón? Su palabra.[3]

Proverbios 4: 20-22 – Guarden mis palabras en tu atención, oido, vista y corazón y ellas os darán vida y salud.

> [20] *Hijo mío, atiende a mis consejos; escucha atentamente lo que digo.*
> [21] *No pierdas de vista mis palabras; guárdalas muy dentro de tu corazón.*
> [22] *Ellas dan vida a quienes las hallan; son la salud del cuerpo.*

Oremos y busquemos Su promesa: Señor, cada día yo _____ guardo Tus palabras en mi atención, oído, vista y corazón y yo me apego a Tu promesa, que yo tendré vida y sanación en todo mi cuerpo.

> ¡Tenga en cuenta la doble promesa de mantener Su palabra en nuestra atención, audición, vista y corazón!

Proverbios 4:22 – Hay una doble promesa.

> [22] *Ellas dan vida a quienes las hallan; son la salud del cuerpo.*

Oremos y busquemos Su promesa: Señor, yo _____ acepto tu promesa de vida y salud a todo el cuerpo.

Hay un número de promesas hechas a quienes siguen a Jesús y guardan sus mandamientos, incluyendo:
- **Vida y salud**
- **Paz**
- **Fuerza renovada**
- **Ninguna arma construida contra nosotros prosperará.**

> Qué gran promesa – Paz. ¡SÍ!

Isaías 26: 2-4 – El justo que guarda su fe puede entrar por las puertas donde ellos tendrán paz.

> *² Abran las puertas, para que entre la nación justa que se mantiene fiel. ³ Al de carácter firme lo guardarás en perfecta paz, porque en ti confía. ⁴ Confíen en el SEÑOR para siempre, porque el SEÑOR es una Roca eterna.*

Oremos y busquemos Su promesa: Señor, cada día en fe yo _____ abro las puertas y entro en Tu paz constante. Yo _____ confío en Ti por siempre y en Tu promesa, Tú eres mi roca eterna.

> **Una promesa de fortaleza renovada.**

Isaías 40: 28-31 - Porque yo espero en el Señor, mi fortaleza será renovada.

> ^{28} ¿Acaso no lo sabes? ¿Acaso no te has enterado? El SEÑOR es el Dios eterno, creador de los confines de la tierra. No se cansa ni se fatiga, y su inteligencia es insondable. ^{29} Él fortalece al cansado y acrecienta las fuerzas del débil. ^{30} Aun los jóvenes se cansan, se fatigan, y los muchachos tropiezan y caen; ^{31} pero los que confían en el SEÑOR renovarán sus fuerzas; volarán como las águilas: correrán y no se fatigarán, caminarán y no se cansarán.

Oremos y busquemos Su promesa: Padre Nuestro que estás en los cielos, Creador del Cielo y Tierra, yo _____ espero en Ti. Yo creo y se que los que esperan en Ti serán renovados, yo me elevaré con alas como las águilas y yo _____ correré y no me cansaré, yo caminaré y no me fatigaré.

> El Señor promete que ninguna arma que hayan forjado contra nosotros prosperará.

Isaías 54:17 – Ninguna arma que hayan forjado contra nosotros prosperará.

17 No prevalecerá ninguna arma que se forje contra ti; toda lengua que te acuse será refutada. Esta es la herencia de los siervos del SEÑOR, la justicia que de mí procede —afirma el SEÑOR—.

Oremos y busquemos Su promesa: Señor, yo _____ acepto Tu autoridad; de que ninguna arma diseñada contra mí prosperará y que yo _____ confudiré cada lengua que se levante contra mí en juicio.

> El Señor dirige y da poder a Sus hijos.

Mateo 10: 7-8 – Direcciones para Proclamar, Curar, Revivir, Limpiar y Expulsar Demonios.

⁷ Dondequiera que vayan, prediquen este mensaje: "El reino de los cielos está cerca". ⁸ Sanen a los enfermos, resuciten a los muertos, limpien de su enfermedad a los que tienen lepra, expulsen a los demonios. Lo que ustedes recibieron gratis, denlo gratuitamente.

Oremos y busquemos Su promesa: Señor yo _____ acepto Tu autoridad; de que Tú me has dicho a mí _____ que vaya por el mundo, proclamando la buena nueva y orar por los enfermos y ellos serán sanados, para levantar a los muertos, limpiar a los leprosos y expulsar demonios. Yo _____ haré como Tú digas y acepto la promesa que Tú hiciste.

> La Palabra de Dios sale de Su boca y no regresa vacia. ¡SÍ!

Isaías 55: 10-11 – Las promesas del Señor de que Su Palabra sale de Su boca y no regresa vacía.

—^{10} Así como la lluvia y la nieve descienden del cielo, y no vuelven allá sin regar antes la tierra y hacerla fecundar y germinar para que dé semilla al que siembra y pan al que come, ^{11} así es también la palabra que sale de mi boca: No volverá a mí vacía, sino que hará lo que yo deseo y cumplirá con mis propósitos.

Oremos y busquemos Su promesa: Señor yo _____ conozco que Tu Palabra es verdad y que Tu Palabra saldrá y cumplirá Tu propósito Divino. Yo con alegría recibo Tu voluntad en mi vida "en la tierra como en el cielo".

> Toma una decisión para hacer lo que dice y confiesa tu pecado y ora por sanación.

Santiago 5:16 – Confiesa y ora para que puedas ser sanado.

> *¹⁶ Por eso, confiésense unos a otros sus pecados, y oren unos por otros, para que sean sanados. La oración del justo es poderosa y eficaz.*

Oremos y busquemos Su promesa: Yo_____ estoy agobiado, quebrantado y he pecado contra Tí, mi Dios. No tengo miedo de decir al mundo mi pecado para poder recibir Tu Promesa Señor. Yo confieso a Tí Señor _____. Gracias por Tu sanación.

¿Cuáles son tus conclusiones después de leer y orar estas Escrituras?

_____

_____

_____

SECCIÓN CUATRO:

PONIÉNDOSE UNO MISMO EN LA HISTORIA

En la Sección Cuatro nosotros estaremos usando nuestra mente e imaginación para ~~jugar~~ orando las Escrituras. Muchas veces, en las Escrituras, el Señor usa los sueños y pensamientos de personas para ayudarlos a través de sus situaciones. En Mateo 13:34 dice que Jesús siempre usaba parábolas e ilustraciones cuando Él hablaba. Él animaba a las personas a verse ellos mismos en relación a la línea de la historia. Algunos de nosotros cuando oímos estas parabolas venimos a ser el personaje principal, algunos somos observadores y otros nos ponemos en los zapatos de Jesús.

Usa tu imaginación para moverte a través de los versos de las Escrituras. Penetra en cada una de las imágenes de las Escrituras y deja que tu corazón experimente libremente la historia: sonidos, olores, visuales y sentimientos. Y según cómo tú experimentes los eventos, medita en lo que significan para ti.

Es una buena historia. Ponte tú mismo dentro de la historia. ¿Cuál carácter eres tú en la historia (siervo, centurión o en la multitud)?

Mateo 8: 5-13 – Jesús sana al siervo del centurión de acuerdo a su fe.

⁵ Al entrar Jesús en Capernaúm, se le acercó un centurión pidiendo ayuda.

⁶ —Señor, mi siervo está postrado en casa con parálisis, y sufre terriblemente. ⁷ —Iré a sanarlo— respondió Jesús. ⁸ —Señor, no merezco que entres bajo mi techo. Pero basta con que digas una sola palabra, y mi siervo quedará sano. ⁹ Porque yo mismo soy un hombre sujeto a órdenes superiores, y además tengo soldados bajo mi autoridad. Le digo a uno: "Ve", y va, y al otro: "Ven", y viene. Le digo a mi siervo: "Haz esto", y lo hace. ¹⁰ Al oír esto, Jesús se asombró y dijo a quienes lo seguían: —Les aseguro que no he encontrado en Israel a nadie que tenga tanta fe. ¹¹ Les digo que muchos vendrán del oriente y del occidente, y participarán en el banquete con Abraham, Isaac y Jacob en el reino de los cielos. ¹² Pero a los súbditos del reino se les echará afuera, a la oscuridad, donde habrá llanto y rechinar de dientes. ¹³ Luego Jesús le dijo al centurión: —¡Ve! Todo se hará tal como creíste. Y en esa misma hora aquel siervo quedó sano.

Yo me imagino: Señor, el centurión, un soldado Romano, normalmente ordenaba y no se humillaba el mismo. Yo _____ como el Centurión, me postro delante de Ti y pido Tu sanación. Señor, yo _____ no importa cuál sea mi situación, ni que tan alejado me sienta yo de Ti, basta solamente que yo me abra a Ti.

- - -► *Toma tu tiempo en esa imagen, vigilando qué pasa a medida que te postras ante el Señor humildemente y busca Su Sanación, Gracia y Misericordia.* ◄- - -

A medida que nos movemos del Antiguo Testamento al Nuevo Testamento ustedes, encontrarán que Dios es consistente, con lo que Él dice, en ambos Testamentos.

> ¿Sabían ustedes que en los Evangelios sólo 2 personas son reconocidas de tener "gran fe"?

Mateo 15: 21-28 – Jesús sana la hija de la mujer cananea quien tiene Gran Fe.

²¹ Partiendo de allí, Jesús se retiró a la región de Tiro y Sidón. ²² Una mujer cananea de las inmediaciones salió a su encuentro, gritando: —¡Señor, Hijo de David, ten compasión de mí! Mi hija sufre terriblemente por estar endemoniada. ²³ Jesús no le respondió palabra. Así que sus discípulos se acercaron a él y le rogaron: —Despídela, porque viene detrás de nosotros gritando. ²⁴ —No fui enviado sino a las ovejas perdidas del pueblo de Israel —contestó Jesús. ²⁵ La mujer se acercó y, arrodillándose delante de él, le suplicó: —¡Señor, ayúdame! ²⁶ Él le respondió: —No está bien quitarles el pan a los hijos y echárselo a los perros.

²⁷ —Sí, Señor; pero hasta los perros comen las migajas que caen de la mesa de sus amos. ²⁸ —¡Mujer, qué grande es tu fe! —contestó Jesús—. Que se cumpla lo que quieres. Y desde ese mismo momento quedó sana su hija.

Yo me imagino: Jesús, la mujer cananea normalmente no quería o no podía acercarse a un hombre Judío. Yo _____ como la mujer con fe persistente, humildemente me postro ante Ti y pido Tu sanación. Señor, yo _____ sé que no importa cuál es mi situación ni que tan lejos me sienta de Ti, sino sólo que me abro a Ti.

La llave en cada una de estas Escrituras es la apertura.

Nos abrimos al potencial de Dios y Él cumple nuestros sueños.

**Confía en el Señor con todo tu corazón, reconócelo a Él y Él cuidará de Ti.
Proverbios 3: 5 - 6**

> Esta es otra buena historia. Pónganse ustedes mismos en la historia. ¿Cuál carácter en la historia eres tú, Pedro, la madre de Pedro, Jesús, una persona en la multitud o el poseído?

Mateo 8: 14-17 – Jesús sana a la madre de Pedro.

¹⁴ Cuando Jesús entró en casa de Pedro, vio a la suegra de este en cama, con fiebre. ¹⁵ Le tocó la mano y la fiebre se le quitó; luego ella se levantó y comenzó a servirle. ¹⁶ Al atardecer, le llevaron muchos endemoniados, y con una sola palabra expulsó a los espíritus, y sanó a todos los enfermos. ¹⁷ Esto sucedió para que se cumpliera lo dicho por el profeta Isaías: «Él cargó con nuestras enfermedades y soportó nuestros dolores».

Yo me imagino: Señor, como cuando entraste a la casa de Pedro, Tu eres bienvenido a entrar en mi casa hoy. ¡Ven toca y sana! Como Tú tocastes a muchos que te los trajerón, ven toca y sana hoy.

*"Tú tomaste mis enfermedades
y soportaste todas mis males".*

> Jesús sana a los dos hombres ciegos.
> ¿Crees tú que Él lo puede hacer?
> ¡Sí!

Mateo 9: 27-30 – Jesús sana dos hombres ciegos.

²⁷ Al irse Jesús de allí, dos ciegos lo siguieron, gritándole: —¡Ten compasión de nosotros, Hijo de David! ²⁸ Cuando entró en la casa, se le acercaron los ciegos, y él les preguntó: —¿Creen que puedo sanarlos? —Sí, Señor —le respondieron. ²⁹ Entonces les tocó los ojos y les dijo: —Que se haga con ustedes conforme a su fe. ³⁰ Y recobraron la vista. Jesús les advirtió con firmeza: —Asegúrense de que nadie se entere de esto.

Yo me imagino: Señor, yo _____ creo que Tú sanas. Ven y toca _____ con Tu amor de sanación. ¡Renuévalos y bendícelos!

> ¡Jesús sana cada enfermedad y dolencia!

Mateo 9:35 – Jesús recorria las villas y pueblos sanando cada enfermedad y dolencia.

> ³⁵ *Jesús recorría todos los pueblos y aldeas enseñando en las sinagogas, anunciando las buenas nuevas del reino, y sanando toda enfermedad y toda dolencia.*

Yo me imagino: Señor, a los mucho que Tú has sanado, yo _____ necesito Tu toque. Sáname hoy, Señor. Tú curastes cada enfermedad y dolencia.

- - -▶ *Pasa tiempo en esa imagen, la escena de la villa, observando qué sucede, cómo tú humildemente vienes delante del Señor y buscas Su Sanación, Gracia y Misericordia.* ◀- - -

Nosotros usamos nuestra imaginación, todos nuestros sentidos, para alcanzar a nuestro Dios para Su toque en nuestras vidas.

Tú debes poner tu fe en la sanación de Dios.

Marcos 5:34 – Hija, tu fe te ha sanado.

> *34 —¡Hija, tu fe te ha sanado! —le dijo Jesús—. Vete en paz y queda sana de tu aflicción.*

Yo me imagino: Señor, yo _____ tengo fe en Ti de que Tú harás que me sienta bien. Gracias por Tu regalo de paz y por sanar mi males.

> Señor, cualquier cosa es posible. ¡Ayúdame en mi incredulidad!

Marcos 9: 20-25 – Muchacho poseído - Ayuda a mi incredulidad.

²⁰ Así que se lo llevaron. Tan pronto como vio a Jesús, el espíritu sacudió de tal modo al muchacho que este cayó al suelo y comenzó a revolcarse echando espumarajos. ²¹ —¿Cuánto tiempo hace que le pasa esto? —le preguntó Jesús al padre. —Desde que era niño —contestó— ²² Muchas veces lo ha echado al fuego y al agua para matarlo. Si puedes hacer algo, ten compasión de nosotros y ayúdanos. ²³ —¿Cómo que si puedo? Para el que cree, todo es posible. ²⁴ —¡Sí creo! —exclamó de inmediato el padre del muchacho—. ¡Ayúdame en mi poca fe! ²⁵ Al ver Jesús que se agolpaba mucha gente, reprendió al espíritu maligno. —Espíritu sordo y mudo —dijo—, te mando que salgas y que jamás vuelvas a entrar en él.

Yo me imagino: Señor, yo _____ sé que 'todas las cosas pueden ser hechas para aquel que cree'. Señor, yo _____ vengo delante de Tu presencia y coloco esta súplica _____. Tú eres el Creador y todas las cosas son posibles en Tu poder.

- - -► **Pase algún tiempo en esa imagen, con el muchacho poseído, observando qué sucede, cómo tú humildemente vienes delante del Señor y buscas Su Sanación, Gracia y Misericordia.** ◄- - -

El Espíritu Santo se derrama sobre todos nosotros para que podamos profetizar, soñar sueños y ver visiones.
Joel 2: 28-29 / Hechos 2: 17-18

> Señor, Tú tienes el poder de crear y el poder de destruir.

Marcos 11: 20-25 – La lección de la higuera marchita.

²⁰ Por la mañana, al pasar junto a la higuera, vieron que se había secado de raíz. ²¹ Pedro, acordándose, le dijo a Jesús: —¡Rabí, mira, se ha secado la higuera que maldijiste! ²² —Tengan fe en Dios —respondió Jesús—. ²³ Les aseguro que, si alguno le dice a este monte: "Quítate de ahí y tírate al mar", creyendo, sin abrigar la menor duda de que lo que dice sucederá, lo obtendrá. ²⁴ Por eso les digo: Crean que ya han recibido todo lo que estén pidiendo en oración, y lo obtendrán. ²⁵ Y cuando estén orando, si tienen algo contra alguien, perdónenlo, para que también su Padre que está en el cielo les perdone a ustedes sus pecados.

Yo me imagino: Señor, Yo _____ pido en Tu Nombre y creo sin lugar a duda que Jesús ha dicho, "cualquier cosa que tú pidas en oración, cree que la has recibido, y será hecho para ti". Yo ahora pido con fe _____.

- - -▶ Mateo 11 nos pide hacer un inventario de las personas que nosotros necesitamos perdonar, en orden de que nosotros podamos obtener el perdón del Señor. Entra en la historia de nuevo – piense en el perdón. ◀- - -

Nosotros ponemos nuestra fe y confianza en el Señor. Él es nuestro proveedor.

**²⁶ Fíjense en las aves del cielo: no siembran ni cosechan ni almacenan en graneros; sin embargo, el Padre celestial las alimenta. ¿No valen ustedes mucho más que ellas?
Mateo 6:26**

> Fe es un elemento en la sanación. Fe es un regalo del Espíritu Santo de Dios.

Lucas 8: 43-48 – La mujer que toca la capa de Jesús es sanada.

⁴³ Había entre la gente una mujer que hacía doce años que padecía de hemorragias, sin que nadie pudiera sanarla. ⁴⁴ Ella se le acercó por detrás y le tocó el borde del manto, y al instante cesó su hemorragia. ⁴⁵ —¿Quién me ha tocado? —preguntó Jesús. Como todos negaban haberlo tocado, Pedro le dijo: —Maestro, son multitudes las que te aprietan y te oprimen. ⁴⁶ —No, alguien me ha tocado —replicó Jesús—; yo sé que de mí ha salido poder. ⁴⁷ La mujer, al ver que no podía pasar inadvertida, se acercó temblando y se arrojó a sus pies. En presencia de toda la gente, contó por qué lo había tocado y cómo había sido sanada al instante. ⁴⁸ —Hija, tu fe te ha sanado — le dijo Jesús —. Vete en paz.

> *Yo me imagino: Señor, yo _____ pongo mi fe en Ti de manera que Tú sanes _____. Gracias a Ti Espíritu Santo por Tu Don de Fe, Sanación y Paz.*

Los dones del Espíritu Santo incluyen:

- Sabiduría
- Conocimiento
- Fe
- Sanación
- Milagros
- Profecía
- Discernimiento
- Interpretación de lenguas

1 Corintios 12: 1 - 11

> ¿De nuevo nos ponemos dentro de la historia. Qué carácter o personje en la historia eres tú?

Lucas 8: 49-56 - Jesús sana a la hija de Jairo.

49 Todavía estaba hablando Jesús cuando alguien llegó de la casa de Jairo, jefe de la sinagoga, para decirle: —Tu hija ha muerto. No molestes más al Maestro. 50 Al oír esto, Jesús le dijo a Jairo: —No tengas miedo; cree nada más, y ella será sanada. 51 Cuando llegó a la casa de Jairo, no dejó que nadie entrara con él, excepto Pedro, Juan y Santiago, y el padre y la madre de la niña. 52 Todos estaban llorando, muy afligidos por ella. —Dejen de llorar —les dijo Jesús—. No está muerta, sino dormida. 53 Entonces ellos empezaron a burlarse de él porque sabían que estaba muerta. 54 Pero él la tomó de la mano y le dijo: —¡Niña, levántate! 55 Recobró la vida y al instante se levantó. Jesús mandó darle de comer. 56 Los padres se quedaron atónitos, pero él les advirtió

que no contaran a nadie lo que había sucedido.

Yo me imagino: Señor, toma a _____ Tu hijo(a), de la mano y llama a _____ Tu hijo(a), de manera que su espíritu sea renovado y que _____ pueda ser sanado(a).

Estas Escrituras acentúan nuestra responsabilidad y nuestra autoridad.

> ¡Yo tengo autoridad en Cristo Jesús!

Lucas 10:19 – Yo, Jesús, os he dado autoridad de pisotear al enemigo en todas sus formas.

> ¹⁹ *Sí, les he dado autoridad a ustedes para pisotear serpientes y escorpiones y vencer todo el poder del enemigo; nada les podrá hacer daño.*

Yo me imagino: Señor, yo _____ estoy listo(a) así como Tú eres soldado, para pisotear sobre serpientes y escorpiones y con Tu poder en mi yo_____ ejerzo poder sobre el enemigo. ¡Nada me hará daño!

> **Quién es el ladrón?
> ¿Quién lo ha conquistado?**

Juan 10:10 - El ladrón vino a destruir. ¡Cristo vino a darnos vida!

> *¹⁰ El ladrón no viene más que a robar, matar y destruir; [la enfermedad es robar, matar y destruir ..] yo he venido para que tengan vida, [salud..] y la tengan en abundancia [al máximo; hasta que se desborde ..].*

Yo me imagino: Señor, yo _____ estoy presente ante Tu presencia y autoridad para rechazar los ataques del ladrón. Yo _____ recibo de Tí vida, salud y abundancia. ¡Deja que Él río fluya!

- - -▶ *Uno puede traer a su mente la imagen de nuevo, reflexionando en las áreas de nuestra vida o la vida alrededor de nosotros donde el ladrón esta robando, matando y destruyendo. Invita al Señor de Vida que derrame Su sanación y abundancia.* ◀- - -

> Jesús nos dice que nosotros haremos aún más de lo que Él ...

Juan 14:12 – Jesús dijo yo _____ haré aún *grandes*...

> ¹² *Ciertamente les aseguro que el que cree en mí las obras que yo hago también él las hará, y aun las hará mayores, porque yo vuelvo al Padre.*

Yo me imagino: Señor, yo _____ creo en Ti y en los muchos trabajos milagrosas que Tú hicisles. ¡Yo _____ caminaré en Tu poder y haré Tu trabajo, más allá de la imaginación!

¿Cuáles son tus conclusiones después de leer y orar con estas escrituras?

_____

_____

_____

NOTAS:

[1] Fabbi, Kenneth L., *Five Fold Cycle - Method of Healing Personal Hurt: Healing Life's Hurts, (Ciclo de Cinco Pliegues – Método de Sanción de Heridas Personales: Curando las Lesiones de la Vida)*, Lethbridge, Alberta, Canada: Kenneth L. Fabbi, 2019.

[2] Roycroft, Thomas W. and Kenneth L. Fabbi. *You Can Minister Spiritual Gifts.* Lethbridge, Alberta, Canada: Kenneth L. Fabbi, 2019.

[3] Esta enseñanza es titulada *Scripture as Medicine (*Ecrituras Como Medicina*).* Explica la doble promesa cuando nosotros guardamos la Palabra de Dios en nuestra atención, oído, vista y corazón. Fue usada con permiso, de los vastos recursos de Fr. John Hampsch, CMF, Claretian Teaching Ministry, http://catholicbooks.net/

APÉNDICE 1:

QUÉ ES UNA ORACIÓN

> ¿Qué es una oración?
> (un doble diálogo)
> - Cuerpo / Mente / Espíritu en comunicación con Dios.

ORACIÓN DEFINIDA EN LA BIBLIA ES:

1. Una elevación de nuestra alma hacia Dios: Salmo 25: 1; 143: 8
2. Confiando en Dios le decimos libremente lo que nuestro corazón siente: Salmo 62: 8
3. Un clamor hacia Dios: Salmo 86: 3
4. Diciéndole a Él tus necesidades; 1 Pedro 5: 7
5. Es apartarse de nuestros pecados y dirigirse a Dios para que nos limpie: Hechos 3: 19
6. Incienso espiritual para Dios: Apocalipsis 5:8
7. Venir delante del Trono de Gracia: Salmo 84: 1-2; Hebreos 4: 16
8. Escuchar con expectación: Salmo 5:3; 17:6

9. Oración es sacrificio de alabanza y el fruto de nuestros labios: Hebreos 13:15
10. Hacercarse a Dios en amistad, compañerismo y confianza – una relación íntima: Santiago 4: 8

www.ingramcontent.com/pod-product-compliance
Lightning Source LLC
Chambersburg PA
CBHW050447010526
44118CB00013B/1713